NEW CROWN

English Series

三省堂 ニュークラウン

英語の基本文型

2

SANSEIDO

はじめに

本書は，教科書 NEW CROWN English Series 2 に沿って，中学 2 年で学習する 47 の基本文型とその応用例文がまとめてあります。

中学校で習う文型が，教科書に出てくる単語を使って，暗記しやすくわかりやすく提示されていますので，くり返し声に出して練習することによって，基本文型を確実に身につけることができます。

本書の使い方

各文型項目は見開きになっていて，左ページに英文，右ページにその英文に対する日本語訳が示されています。文型は，教科書に出てくる順になっています。

Lesson 1 **Peter Rabbit**

Lesson 1 GET Part 1

GET Part 1　教科書 p. 8

「…（する）とき」「…（した）とき」

❶ 重要暗記文 ➔ **When my mother came home, I was watching TV.**

母が家に帰って来たとき，私はテレビを見ていました。

❷ 意味を考えよう

When＋主語＋動詞 …「…（する）とき」「…（した）とき」

❸ 文型を理解しよう

「…（する）とき」「…（した）とき」と，時について説明を加えて言うときは，〈when＋主語＋動詞 …〉で表す。

❹ チェック！

□ 1. When he came, I was studying.
□ 2. When I saw Jane, she was reading a book.
□ 3. When we went to the park, it was sunny.
□ 4. He had his bag when I met him.
□ 5. My grandfather was a teacher when he was young.

チェック！

□ 1. 彼が来たとき，私は勉強していました。
□ 2. 私がジェーンを見たとき，彼女は読書中でした。
□ 3. 私たちが公園に行ったとき，晴れていました。
□ 4. 私が彼に会ったとき，彼はかばんを持っていました。
□ 5. 祖父は若いとき教師をしていました。

Lesson 1 GET Part 1

GET Part 1　教科書 p. 8

「もし…ならば」

重要暗記文 ➔ **If it is clear, we will play baseball.**

もし天気がよければ，私たちは野球をします。

意味を考えよう

If＋主語＋動詞 …「もし…ならば」

文型を理解しよう

「もし…ならば」と，条件や仮定を加えて言うときは，〈if＋主語＋動詞 …〉で表す。

チェック！

□ 1. If you are tired, I'll wash the dishes.
□ 2. If it is sunny, we will go on a picnic.
□ 3. I'll read it if you say it's interesting.
□ 4. If you like cookies, try these.
□ 5. I'll make some sandwiches if you are hungry.

チェック！

□ 1. もし疲れているなら，私が皿を洗います。
□ 2. もし晴れたなら，私たちはピクニックに行きます。
□ 3. もしあなたがおもしろいと言うのなら，それを読みます。
□ 4. もしクッキーが好きなら，これを試してみて。
□ 5. もしあなたが空腹なら，サンドイッチを作ります。

6　7

❶ はじめに大きく提示された文は，みなさんにどうしても覚えてもらいたい，教科書に出てくる最も基本的な文です。

❷ 文型の基本的な日本語訳のポイントなどが簡潔に示されています。

❸ 文型を理解するための解説が，わかりやすく簡潔に書かれています。

❹ 同じ文型を使ったいくつかの例文を発展的に取り上げてあります。くり返し練習して，覚えるようにしましょう。

● Lesson ごとに定期テスト対策を用意しています。さまざまな形式の問題を解くことで，学習した内容が身についているか確認し，定期テストへの備えを万全にします。

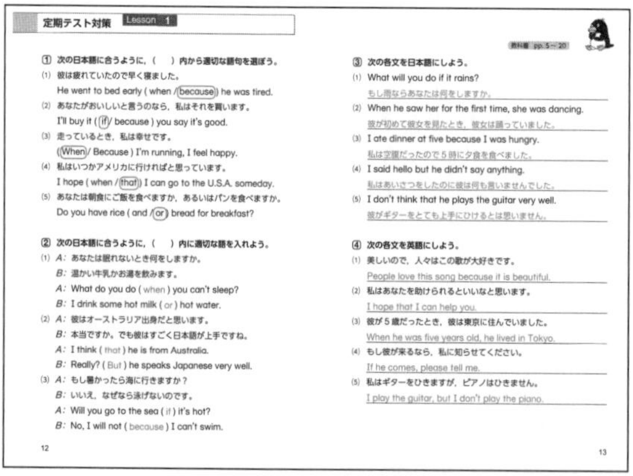
定期テスト対策 Lesson 1

教科書 pp. 5 ~ 20

① 次の日本語に合うように，(　　) 内から適切な語句を選ぼう。

(1) 彼は疲れていたので早く寝ました。
He went to bed early (when / because) he was tired.

(2) あなたがおいしいと言うのなら，私はそれを買います。
I'll buy it (if / because) you say it's good.

(3) 走っているとき，私は幸せです。
(When / Because) I'm running, I feel happy.

(4) 私はいつかアメリカに行ければと思っています。
I hope (when / that) I can go to the U.S.A. someday.

(5) あなたは朝食にご飯を食べますか，あるいはパンを食べますか。
Do you have rice (and / or) bread for breakfast?

② 次の日本語に合うように，(　　) 内に適切な語を入れよう。

(1) *A*: あなたは眠れないとき何をしますか。
B: 温かい牛乳かお湯を飲みます。
A: What do you do (when) you can't sleep?
B: I drink some hot milk (or) hot water.

(2) *A*: 彼はオーストラリア出身だと思います。
B: 本当ですか。でも彼はすごく日本語が上手ですね。
A: I think (that) he is from Australia.
B: Really? (But) he speaks Japanese very well.

(3) *A*: もし暑かったら海に行きますか？
B: いいえ，なぜなら泳げないのです。
A: Will you go to the sea (if) it's hot?
B: No, I will not (because) I can't swim.

12

③ 次の各文を日本語にしよう。

(1) What will you do if it rains?
もし雨ならあなたは何をしますか。

(2) When he saw her for the first time, she was dancing.
彼が初めて彼女を見たとき，彼女は踊っていました。

(3) I ate dinner at five because I was hungry.
私は空腹だったので５時に夕食を食べました。

(4) I said hello but he didn't say anything.
私はあいさつをしたのに彼は何も言いませんでした。

(5) I don't think that he plays the guitar very well.
彼がギターをとても上手にひけるとは思いません。

④ 次の各文を英語にしよう。

(1) 美しいので，人々はこの歌が大好きです。
People love this song because it is beautiful.

(2) 私はあなたを助けられるといいなと思います。
I hope that I can help you.

(3) 彼が５歳だったとき，彼は東京に住んでいました。
When he was five years old, he lived in Tokyo.

(4) もし彼が来るなら，私に知らせてください。
If he comes, please tell me.

(5) 私はギターをひきますが，ピアノはひきません。
I play the guitar, but I don't play the piano.

13

「赤のチェックシート」の使い方

各文型の重要な部分は赤色で印刷されていますので，「赤のチェックシート」を上に置くことによりポイントとなる部分が見えなくなります。英語から日本語に，または日本語から英語に直す練習のときに，このシートを透かして見える黒い文字を手がかりにしてみましょう。

目次

Lesson 1 Peter Rabbit

GET Part 1

教科書 p. 8

「…（する）とき」「…（した）とき」

重要暗記文 ➔ **When my mother came home, I was watching TV.**

意味を考えよう

When ＋主語＋動詞 ...「…（する）とき」「…（した）とき」

チェック！

☐ 1. When he came, I was studying.
☐ 2. When I saw Jane, she was reading a book.
☐ 3. When we went to the park, it was sunny.
☐ 4. He had his bag when I met him.
☐ 5. My grandfather was a teacher when he was young.

GET Part 1

教科書 p. 8

「もし…ならば」

重要暗記文 ➔ **If it is clear, we will play baseball.**

意味を考えよう

If ＋主語＋動詞 ...「もし…ならば」

チェック！

☐ 1. If you are tired, I'll wash the dishes.
☐ 2. If it is sunny, we will go on a picnic.
☐ 3. I'll read it if you say it's interesting.
☐ 4. If you like cookies, try these.
☐ 5. I'll make some sandwiches if you are hungry.

Lesson 1 **GET** Part 1

母が家に帰って来たとき，私はテレビを見ていました。

文型を理解しよう

「…（する）とき」「…（した）とき」と，時について説明を加えて言うときは，〈when ＋主語＋動詞 ...〉で表す。

チェック！

- ☐ 1. 彼が来たとき，私は勉強していました。
- ☐ 2. 私がジェーンを見たとき，彼女は読書中でした。
- ☐ 3. 私たちが公園に行ったとき，晴れていました。
- ☐ 4. 私が彼に会ったとき，彼はかばんを持っていました。
- ☐ 5. 祖父は若いとき教師をしていました。

Lesson 1 **GET** Part 1

もし天気がよければ，私たちは野球をします。

文型を理解しよう

「もし…ならば」と，条件や仮定を加えて言うときは，〈if ＋主語＋動詞 ...〉で表す。

チェック！

- ☐ 1. もし疲れているなら，私が皿を洗います。
- ☐ 2. もし晴れたなら，私たちはピクニックに行きます。
- ☐ 3. もしあなたがおもしろいと言うのなら，それを読みます。
- ☐ 4. もしクッキーが好きなら，これを試してみて。
- ☐ 5. もしあなたが空腹なら，サンドイッチを作ります。

GET Part 2

教科書 p. 10

「…ということ」

重要暗記文 ➔ **I think (that) the book is interesting.**

意味を考えよう

that ＋主語＋動詞 ...「…ということ」

チェック！

- ☐ 1. She thinks (that) her cat is pretty.
- ☐ 2. I hope (that) you like this cake.
- ☐ 3. I think (that) he's good at sports.
- ☐ 4. He thinks (that) this band is good.
- ☐ 5. I hope (that) he is happy in Tokyo.

文法のまとめ ①

教科書 p. 20

「…なので」

重要暗記文 ➔ **Peter didn't say anything because he was too tired.**

意味を考えよう

because ＋主語＋動詞 ...「…なので」

チェック！

- ☐ 1. I stayed home because it was raining.
- ☐ 2. He often talks about this book because he loves it.
- ☐ 3. Everybody likes her because she is kind.
- ☐ 4. I was late because I couldn't find my bicycle.
- ☐ 5. She speaks English because she is from Australia.

この本はおもしろいと思います。

文型を理解しよう

「…ということ」は，〈that ＋主語＋動詞 ...〉で表し，I think などのあとに続けて用いる。

チェック！

☐ 1. 彼女は，自分のネコのことをかわいいと思っています。
☐ 2. あなたがこのケーキを気に入るといいなと思います。
☐ 3. 私は，彼はスポーツが得意だと思います。
☐ 4. 彼は，このバンドはいいと思っています。
☐ 5. 彼が東京で幸せにしているといいなと思います。

文法のまとめ ❶

ピーターはとても疲れていたので，何も言いませんでした。

文型を理解しよう

「…なので」と，理由や原因を加えて言うときは，〈because ＋主語＋動詞 ...〉で表す。

チェック！

☐ 1. 雨が降っていたので，私は家にいました。
☐ 2. 彼はこの本が大好きなので，よくそれについて話します。
☐ 3. 彼女は親切なので，みんな彼女が好きです。
☐ 4. 自転車が見つからなかったので，私は遅刻しました。
☐ 5. 彼女はオーストラリア出身なので，英語を話します。

英語のしくみ

教科書 p. 20

「…そして～」「…と～」「または」「しかし」

重要暗記文 ➔

cook and eat
on the ice and in the water
apples or oranges
Yuki likes cats, but she has a dog.

意味を考えよう

and	「…そして～」「…と～」
or	「…または～」「…あるいは～」「…それとも～」
but	「しかし～」「だが～」「けれども～」

チェック！

☐ 1. I took a bath and went to bed.
☐ 2. He practices rugby on Wednesdays and Sundays.
☐ 3. I went shopping and bought some flowers.
☐ 4. My sister likes movies and I like reading.
☐ 5. We visited Kyoto, Nara, and Hiroshima.
☐ 6. Which do you want, a camera or a watch?
☐ 7. We will go there by train or by bus.
☐ 8. He is listening to music or something.
☐ 9. I have tea, coffee, or milk for breakfast.
☐ 10. I thought the cap was mine, but it wasn't.
☐ 11. I made a simple but delicious lunch.
☐ 12. I went to the pool too but I didn't see Tom.

料理して（そして）食べる
氷の上と水の中
リンゴまたはオレンジ
ユキはネコが好きですが，イヌを飼っています。

文型を理解しよう

and, or, but は接続詞で，対等な関係の語句や文と文をつなぐ。「…そして～」「…と～」というときは and，「…または～」と選択を表すときは or，「しかし」と逆の内容をつなげるときは but を用いる。

チェック！

□ 1. 私は入浴して，（そして）寝ました。
□ 2. 彼は水曜日と日曜日にラグビーを練習します。
□ 3. 私は買い物に行き，（そして）花を買いました。
□ 4. 姉は映画が好きで，（そして）私は読書が好きです。
□ 5. 私たちは京都，奈良，そして広島を訪れました。
□ 6. カメラそれとも腕時計，どちらがほしいですか。
□ 7. 私たちはそこへ電車かバスで行きます。
□ 8. 彼は音楽か何かを聞いています。
□ 9. 私は朝食に紅茶かコーヒーか牛乳を飲みます。
□ 10. その帽子は私のだと思いましたが，違いました。
□ 11. 私はシンプルだけどおいしい昼食を作りました。
□ 12. 私もプールに行きましたが，トムを見ませんでした。

定期テスト対策 Lesson 1

① 次の日本語に合うように，(　　) 内から適切な語句を選ぼう。

(1) 彼は疲れていたので早く寝ました。

He went to bed early (when / because) he was tired.

(2) あなたがおいしいと言うのなら，私はそれを買います。

I'll buy it (if / because) you say it's good.

(3) 走っているとき，私は幸せです。

(When / Because) I'm running, I feel happy.

(4) 私はいつかアメリカに行ければと思っています。

I hope (when / that) I can go to the U.S.A. someday.

(5) あなたは朝食にご飯を食べますか，あるいはパンを食べますか。

Do you have rice (and / or) bread for breakfast?

② 次の日本語に合うように，(　　) 内に適切な語を入れよう。

(1) *A*: あなたは眠れないとき何をしますか。

B: 温かい牛乳かお湯を飲みます。

A: What do you do (when) you can't sleep?

B: I drink some hot milk (or) hot water.

(2) *A*: 彼はオーストラリア出身だと思います。

B: 本当ですか。でも彼はすごく日本語が上手ですね。

A: I think (that) he is from Australia.

B: Really? (But) he speaks Japanese very well.

(3) *A*: もし暑かったら海に行きますか？

B: いいえ，なぜなら泳げないのです。

A: Will you go to the sea (if) it's hot?

B: No, I will not (because) I can't swim.

③ 次の各文を日本語にしよう。

(1) What will you do if it rains?

もし雨ならあなたは何をしますか。

(2) When he saw her for the first time, she was dancing.

彼が初めて彼女を見たとき，彼女は踊っていました。

(3) I ate dinner at five because I was hungry.

私は空腹だったので 5 時に夕食を食べました。

(4) I said hello but he didn't say anything.

私はあいさつをしたのに彼は何も言いませんでした。

(5) I don't think that he plays the guitar very well.

彼がギターをとても上手にひけるとは思いません。

④ 次の各文を英語にしよう。

(1) 美しいので，人々はこの歌が大好きです。

People love this song because it is beautiful.

(2) 私はあなたを助けられるといいなと思います。

I hope that I can help you.

(3) 彼が 5 歳だったとき，彼は東京に住んでいました。

When he was five years old, he lived in Tokyo.

(4) もし彼が来るなら，私に知らせてください。

If he comes, please tell me.

(5) 私はギターをひきますが，ピアノはひきません。

I play the guitar, but I don't play the piano.

Lesson 2 My Dream

GET Part 1

教科書 p. 22

「…すること」(to 不定詞の名詞用法)

重要暗記文 ➔ **Koji wants to read the book.**
My dream is to be a teacher.

意味を考えよう

〈to ＋動詞の原形〉「…すること」

✓ チェック！

- ☐ 1. I want to buy a computer.
- ☐ 2. My brother wants to be a soccer player.
- ☐ 3. I like to listen to the radio.
- ☐ 4. I want to study abroad.
- ☐ 5. His dream is to work as a doctor.

GET Part 2

教科書 p. 24

「…するために」(to 不定詞の副詞用法)

重要暗記文 ➔ **Tom went to the park to play volleyball.**

意味を考えよう

〈to ＋動詞の原形〉「…するために」

✓ チェック！

- ☐ 1. My brother wakes up early to do some exercise.
- ☐ 2. I went to the cafeteria to have lunch.
- ☐ 3. Tom studied hard to pass the exam.
- ☐ 4. She went to Hokkaido to see her cousin.
- ☐ 5. They went to the library to learn about space.

Lesson 2 GET Part 1

耕司はその本が読みたいです。
私の夢は教師になることです。

文型を理解しよう

〈to ＋動詞の原形〉(to 不定詞) は「…すること」の意味で，名詞のはたらきをする。

チェック！

- □ 1. 私はコンピューターを買いたいです。
- □ 2. 弟はサッカー選手になりたいです。
- □ 3. 私はラジオを聴くことが好きです。
- □ 4. 私は留学したいです。
- □ 5. 彼の夢は医師として働くことです。

Lesson 2 GET Part 2

トムはバレーボールをするために公園に行きました。

文型を理解しよう

〈to ＋動詞の原形〉(to 不定詞) は「…するために」の意味で，副詞のはたらきをし，前の動詞を修飾する。

チェック！

- □ 1. 兄は運動するために早起きします。
- □ 2. 私は昼食を食べるためにカフェテリアに行きました。
- □ 3. トムは試験に合格するために一生懸命勉強しました。
- □ 4. 彼女はいとこに会うために北海道に行きました。
- □ 5. 彼らは宇宙について学ぶために図書館に行きました。

GET Part 2

教科書 p. 24

「…するための」（to 不定詞の形容詞用法）

重要暗記文 ➔ **Miki has something to eat.**

意味を考えよう

〈to ＋動詞の原形〉「…するための」

チェック！

- ☐ 1. I have some books to read.
- ☐ 2. I want something to drink.
- ☐ 3. You have friends to help you.
- ☐ 4. We have a lot of work to do.
- ☐ 5. They grow vegetables to sell.

文法のまとめ ❷

教科書 p. 36

「(人) にとって…することは～だ」（to 不定詞の形容詞用法）

重要暗記文 ➔ **It's fun for me to take pictures.**

意味を考えよう

It is ... (for A) to ～ .「(A にとって) ～することは…だ」

チェック！

- ☐ 1. It's difficult for him to get up early.
- ☐ 2. It was hard for us to climb Mt. Fuji.
- ☐ 3. It's necessary for you to study hard.
- ☐ 4. It's easy for me to make a speech in English.
- ☐ 5. It is good for you to do some exercise.

美紀は何か食べるものを持っています。

文型を理解しよう

〈to ＋動詞の原形〉（to 不定詞）は「…するための」の意味で，形容詞のはたらきをし，直前の名詞を修飾する。

チェック！

- □ 1. 私は読む（ための）本を何冊か持っています。
- □ 2. 私は何か飲むものがほしいです。
- □ 3. あなたには助けてくれる友達がいます。
- □ 4. 私たちにはする仕事がたくさんあります。
- □ 5. 彼らは売る（ための）野菜を育てています。

文法のまとめ ❷

私にとって写真を撮ることは楽しいです。

文型を理解しよう

「（人）にとって…することは～だ」と言うときは，
〈It is ... for（人）+ to ＋動詞の原形～ .〉で表す。

チェック！

- □ 1. 彼にとって早く起きることは難しいです。
- □ 2. 私たちにとって富士山に登ることは大変でした。
- □ 3. あなたにとって一生懸命勉強することは必要です。
- □ 4. 私にとって英語でスピーチをするのは簡単です。
- □ 5. あなたにとって運動をするのはよいことです。

定期テスト対策 Lesson 2

① 次の日本語に合うように，(　　) 内から適切な語句を選ぼう。

⑴ トムは私に会いに来ました。

Tom came (saw / to see) me.

⑵ その少女は絵を描くことが好きです。

The girl likes (to draw / draws) pictures.

⑶ あなたは何か読む本がほしいですか。

Do you want some books (to read / read to)?

⑷ 彼の夢は俳優になることです。

His dream is (be / to be) an actor.

⑸ この町には見る場所がたくさんあります。

There are many places (seen / to see) in this town.

② 次の日本語に合うように，(　　) 内に適切な語を入れよう。

⑴ *A:* あなたの夢は何ですか。

B: 私の夢は世界中を旅行することです。

A: (What) (is) your dream?

B: My dream is (to) (travel) around the world.

⑵ *A:* なぜあなたは昨日公園に行ったのですか。

B: トムとテニスをするために行きました。

A: (Why) did you (go) to the park yesterday?

B: I went there (to) (play) tennis with Tom.

⑶ *A:* 何か飲み物がほしいですか。

B: いいえ，ほしくないです。

A: Do you want (anything) (to) drink?

B: No, I don't.

③ 次の各文を日本語にしよう。

(1) It is fun to sing together.

一緒に歌を歌うことは楽しいです。

(2) My dream is to be a vet.

私の夢は獣医になることです。

(3) I went to the library to borrow some books.

私は本を数冊借りるために図書館に行きました。

(4) I have some friends to help me.

私には私を助けてくれる友人が数人います。

(5) She came to London to study English.

彼女は英語を勉強するためにロンドンに来ました。

④ 次の各文を英語にしよう。

(1) 私は今日することがたくさんあります。

I have many things to do today.

(2) 私たちは勉強するために学校の図書館によく行きます。

We often go to the school library to study.

(3) 彼がこの山を登るのは簡単でしょう。

It will be easy for him to climb this mountain.

(4) あなたはこのコンピューターを使いたいですか。

Do you want to use this computer?

(5) あなたにあげるものがあります。

I have something to give you.

Lesson 3 Every Drop Counts

GET Part 1

教科書 p. 40

「(～の場所に) …があります」「…がいます」

重要暗記文 ➔ **There is a big park in this town.**
There are two big parks in this town.

意味を考えよう

There is [are] ....「(～の場所に) …があります」「…がいます」

チェック！

☐ 1. There is a good bakery near my house.
☐ 2. There is a sign at the corner.
☐ 3. There is a rainbow in the sky.
☐ 4. There are 20 computers in this classroom.
☐ 5. There are some sheep on his farm.

GET Part 1

教科書 p. 40

「(～の場所に) …がありますか」「…がいますか」

重要暗記文 ➔ **Is there a big park in this town?**
—Yes, there is. / No, there is not.

意味を考えよう

Is [Are] there ...? Yes, there is [are]. / No, there is [are] not.
「(～の場所に) …がありますか」「はい，あります / いいえ，ありません」

チェック！

☐ 1. Is there a bookstore in this town? —Yes, there is.
☐ 2. Is there a girl on the team? —Yes, there is.
☐ 3. Is there a map on the wall? —No, there is not.
☐ 4. Are there any hospitals in the city?—Yes, there are.
☐ 5. Are there any bears around here? —No, there are not.

Lesson 3 **GET** Part 1

この町に大きな公園があります。
この町に 2 つの大きな公園があります。

文型を理解しよう

「…があります」「…がいます」と言うときは，〈There is [are] ....〉で表す。あとの名詞が単数のときは is, 複数のときは are を用いる。

チェック！

- □ 1. 私の家の近くにおいしいパン店があります。
- □ 2. 角に標識があります。
- □ 3. 空に虹があります。
- □ 4. この教室に 20 台のコンピューターがあります。
- □ 5. 彼の農場に何頭かの羊がいます。

Lesson 3 **GET** Part 1

この町には大きい公園がありますか。
—はい，あります。/ いいえ，ありません。

文型を理解しよう

「(〜の場所に) …がありますか」「はい，あります / いいえ，ありません」と言うときは〈Is [Are] there ...? Yes, there is [are]. / No, there is [are] not.〉で表す。

チェック！

- □ 1. この町に書店はありますか。—はい，あります。
- □ 2. チームに女の子はいますか。—はい，います。
- □ 3. 壁に地図はありますか。—いいえ，ありません。
- □ 4. 市内に病院はありますか。—はい，あります。
- □ 5. このあたりにクマはいますか。—いいえ，いません。

GET Part 2

教科書 p. 42

「…すること」(動名詞)

重要暗記文 ➔ **I like playing soccer.**
Playing soccer is a lot of fun.

意味を考えよう

動詞の -ing 形「…すること」

チェック！

☐ 1. I like singing and dancing.
☐ 2. We enjoyed looking at the stars.
☐ 3. The girls didn't stop talking.
☐ 4. Working as a volunteer is important.
☐ 5. Making a speech in English is difficult.

there is [are] の過去の文

「…があります」「…がいます」の意味の There is[are] .... は人や物，その他さまざまなものが「ある」と言うときに使う。be 動詞を過去形に変えれば，過去に「…がありました」と言うことができる。

There are seven days in a week.
「1 週間は 7 日あります」
There was a big war 75 years ago.
「75 年前，大きな戦争がありました」
There were some beautiful castles along the river.
「川沿いにいくつか美しい城がありました」

私はサッカーをすることが好きです。
サッカーをすることはとても楽しいです。

文型を理解しよう

動詞の -ing 形で「…すること」を表す。名詞と同じ働きをし，文の主語や補語，動詞の目的語になる。

チェック！

- □ 1. 私は歌うことと踊ることが好きです。
- □ 2. 私たちは星を見ることを楽しみました。
- □ 3. 少女たちはおしゃべりをやめませんでした。
- □ 4. ボランティアとして働くことは大切です。
- □ 5. 英語でスピーチをすることは難しいです。

動名詞と to 不定詞の使い分け

動詞によって，動名詞と to 不定詞のどちらを目的語にとるかが決まる。

〈動詞＋動名詞〉 enjoy（楽しむ), finish（終える, 終わる), stop（やめる)，practice（練習する）など

〈動詞＋ to 不定詞〉 hope (望む), want (…したい), wish (…したい)

※begin（始める)，start（始める)，like（…を好む）は目的語に動名詞と to 不定詞のどちらもとることができ，意味もほぼ変わらない。

※stop は動名詞を目的語にとる。〈stop ＋ to 不定詞〉の形の〈to 不定詞〉は副詞用法で，目的語（名詞用法）ではないことに注意。
〈stop ＋動名詞〉「…するのをやめる」
〈stop ＋ to 不定詞（副詞用法)〉「…するために立ち止まる」

定期テスト対策 Lesson 3

① 次の日本語に合うように，(　　) 内から適切な語句を選ぼう。

(1) 私たちはバレーボールをすることを楽しみます。

We enjoy (to play / playing) volleyball.

(2) 赤ちゃんは泣くのをやめました。

The baby stopped (crying / to cry).

(3) あなたは毎日歌を練習しますか。

Do you practice (to sing / singing) every day?

(4) 庭に美しい鳥がいます。

There (is / are) a beautiful bird in the garden.

(5) 町にコンビニはありますか。

(Is there / Are there) any convenience stores in the town?

② 次の日本語に合うように，(　　) 内に適切な語を入れよう。

(1) *A:* あなたの学校にはカフェテリアがありますか。

B: はい，あります。

A: (Is) (there) a cafeteria in your school?

B: Yes, (there) (is).

(2) *A:* 動物園にはライオンがいますか。

B: いいえ，いません。

A: (Are) (there) any lions in the zoo?

B: No, (there) (are) (not).

(3) *A:* 夏には何をして楽しみますか。

B: 泳ぐことと本を読むことを楽しみます。

A: What do you (enjoy) (doing) in summer?

B: I enjoy (swimming) and (reading).

③ 次の各文を日本語にしよう。

(1) Learning a new language is fun.

新しい言語を学ぶのは楽しいです。

(2) My grandmother enjoys growing vegetables.

私の祖母は野菜の栽培を楽しみます。

(3) It stopped snowing in the morning.

雪は午前中に降りやみました。

(4) Is there a museum in this town?

この町には博物館はありますか。

(5) There are 12 months in a year.

1 年には 12 カ月あります。

④ 次の各文を英語にしよう。

(1) 駅の近くに小さなカフェがあります。

There is a small cafe near the station.

(2) 毎日歩くことは健康にとってよいことです。

Walking every day is good for the health.

(3) 私たちは冬にはスケートを楽しみます。

We enjoy skating in winter.

(4) レストランの裏には大きな庭がありました。

There was a big garden behind the restaurant.

(5) この図書館には DVD がたくさんありますか。

Are there many DVDs in this library?

Lesson 4 Uluru

GET Part 1

教科書 p. 52

「A（人）にB（もの）を…する」

重要暗記文 ➔ **I will give him a wallet.**

意味を考えよう

動詞 (give など) + A + B「A (人) に B (もの) を…する」

チェック！

- ☐ 1. I will show you my notebook.
- ☐ 2. He will sing us a new song.
- ☐ 3. My mother will make me a dress.
- ☐ 4. Our teacher told us an interesting story.
- ☐ 5. We gave her some flowers.

GET Part 2

教科書 p. 54

「AをBと呼ぶ」

重要暗記文 ➔ **We call him Tom.**

意味を考えよう

call + A + B「A を B と呼ぶ」

チェック！

- ☐ 1. I call my cat Tama.
- ☐ 2. He calls her Beth.
- ☐ 3. They call that rock Uluru.
- ☐ 4. She named her doll June.
- ☐ 5. They named their baby Kei.

Lesson 4 **GET** Part 1

私は彼に財布をあげるつもりです。

文型を理解しよう

「A (人) に B (もの) を…する」と言うときは，〈動詞＋ A ＋ B〉で表す。

チェック！

☐ 1. 私はあなたにノートを見せてあげるつもりです。
☐ 2. 彼は私たちに新しい歌を歌ってくれるでしょう。
☐ 3. 母は私にドレスを作ってくれるでしょう。
☐ 4. 先生は私たちにおもしろい話をしてくれました。
☐ 5. 私たちは彼女に花をあげました。

Lesson 4 **GET** Part 2

私たちは彼をトムと呼びます。

文型を理解しよう

「A を B と呼ぶ」と言うときは，〈動詞＋ A ＋ B〉で表す。
A には名詞か代名詞，B には名詞が入る。

チェック！

☐ 1. 私はうちのネコをタマと呼びます。
☐ 2. 彼は彼女をベスと呼びます。
☐ 3. 彼らはあの岩をウルルと呼びます。
☐ 4. 彼女は自分の人形をジューンと名づけました。
☐ 5. 彼らは赤ちゃんをケイと名づけました。

GET Part 2

教科書 p. 54

「A を B にする」

重要暗記文 ➔ **It makes me happy.**

意味を考えよう

make ＋ A ＋ B「A を B にする」

✔ チェック！

- ☐ 1. They always make the teacher angry.
- ☐ 2. Walking makes you healthy.
- ☐ 3. The party will make him happy.
- ☐ 4. The picture made him famous.
- ☐ 5. Her story made everybody sad.

〈動詞（call, make など）＋ A ＋ B〉における A との関係

A と B の間には〈主語と述語〉の関係がある。

I call this cat Tom.「私はこのネコをトムと呼びます」

This cat is Tom. の関係

Tom makes me happy.「トムは私を幸せにしてくれます」

I am happy. の関係

それは私を幸せにします。

文型を理解しよう

「A を B にする」と言うときは，〈動詞＋ A ＋ B〉で表す。
A には名詞 / 代名詞，B には形容詞が入る。

チェック！

- □ 1. 彼らはいつも先生を怒らせます。
- □ 2. 歩くことはあなたを健康的にします。
- □ 3. そのパーティーは彼を幸せにするでしょう。
- □ 4. その絵が彼を有名にしました。
- □ 5. 彼女の話はみんなを悲しくさせました。

show，teach，tell の意味のちがい

show：物を見せたり，道や場所などを指差したり，同行したりして「教える」というときに用いる。

teach：技能や知識を「教える」という意味で使う。「道を教える」というときには使わない。

tell：言葉で指示したり説明したりして「教える」という意味。

定期テスト対策 Lesson 4

① 次の日本語に合うように，(　　) 内から適切な語句を選ぼう。

(1) スミス先生は私たちに演劇を教えています。

Mr. Smith (teaches us / we teach) drama.

(2) あなたは私を幸せにします。

You make (I / me) happy.

(3) 彼はそのイヌをハチと名づけました。

He (called / named) the dog Hachi.

(4) 何があなたをそれほど怒らせたのですか。

What (made / did) you so angry?

(5) 私にミルクをくれませんか。

Will you (give / give me) some milk?

② 次の日本語に合うように，(　　) 内に適切な語を入れよう。

(1) *A:* 私に英語を教えてくれませんか。

B: いいですよ。

A: Will you (teach) (me) (English)?

B: Sure.

(2) *A:* あなたはお兄さんを何と呼びますか。

B: わたしは彼をボブと呼びます。

A: What do you (call) (your) (brother)?

B: I (call) (him) Bob.

(3) *A:* だれが彼を怒らせたのですか。

B: あなたかもしれません。

A: Who (made) him (angry)?

B: Maybe you (did).

③ 次の各文を日本語にしよう。

(1) His long speech made the students sleepy.

彼の長いスピーチは生徒たちを眠たくさせました。

(2) We call that boy Ted.

私たちはあの男の子をテッドを呼びます。

(3) Good food and exercise will make you strong.

よい食べ物と運動はあなたを強くするでしょう。

(4) Please give me the map of the town.

町の地図を私にください。

(5) We asked him a lot of questions.

私たちは彼にたくさん質問をしました。

④ 次の各文を英語にしよう。

(1) 博物館までの道を教えてくれませんか。

Will you show [tell] me the way to the museum?

(2) これは英語で何と呼びますか。

What do you call this in English?

(3) そのニュースはみんなを悲しくさせました。

The news made everybody sad.

(4) 何が彼女をそんなに人気にしたのですか。

What made her so popular?

(5) ノートを見せてくれませんか。

Will you show me your notebook?

Lesson 5 Things to Do in Japan

GET Part 1

教科書 p. 72

「～よりも…」(形容詞の比較級)

重要暗記文 ➔ **The Amazon is longer than the Shinano River.**

意味を考えよう

〈形容詞＋ -er ＋ than ...〉「～よりも…」

チェック！

- ☐ 1. Japan is larger than New Zealand.
- ☐ 2. Your cat is bigger than my dog.
- ☐ 3. His baseball team is stronger than ours.
- ☐ 4. This mountain is higher than Mt. Fuji.
- ☐ 5. Is your sister taller than you?

GET Part 2

教科書 p. 72

「～の中で最も [いちばん]…」(形容詞の最上級)

重要暗記文 ➔ **The Amazon is the longest in South America.**

意味を考えよう

〈the ＋形容詞＋ -est ＋ in ...〉「～の中で最も [いちばん] …」

チェック！

- ☐ 1. Tom is the fastest runner in our town.
- ☐ 2. Elephants are the heaviest animal in the zoo.
- ☐ 3. Mt. Everest is the highest mountain in the world.
- ☐ 4. Grandpa is the oldest in our family.
- ☐ 5. Which boy is the youngest of the three?

Lesson 5 GET Part 1

アマゾン川は信濃川よりも長いです。

文型を理解しよう

「～よりも…」と 2 つのものを比べて言うときは，〈形容詞＋ -er ＋ than ...〉で表す。

チェック！

- □ 1. 日本はニュージーランドよりも広いです。
- □ 2. あなたのネコは私のイヌより大きいです。
- □ 3. 彼の野球チームは私たちのチームより強いです。
- □ 4. この山は富士山より高いです。
- □ 5. あなたのお姉さんはあなたより背が高いですか。

Lesson 5 GET Part 1

アマゾン川は南アメリカでいちばん長いです。

文型を理解しよう

「～の中で最も [いちばん] …」と 3 つ以上のものを比べて言うときは，〈the ＋形容詞＋ -est ＋ in ...〉で表す。

チェック！

- □ 1. トムは私たちの町でいちばん足が速いランナーです。
- □ 2. ゾウは動物園でいちばん重い動物です。
- □ 3. エベレスト山は世界でいちばん高い山です。
- □ 4. おじいちゃんは私たちの家族の中で最年長です。
- □ 5. 3 人のうちでいちばん年下なのはどの少年ですか。

GET Part 2

教科書 p. 74

「～よりも…」（形容詞の比較級）

重要暗記文 ➔ **In our class, English is more popular than science.**

意味を考えよう

〈more ＋形容詞＋ than ...〉「～よりも…」

チェック！

☐ 1. The new robot is more useful than the old one.
☐ 2. This movie is more interesting than the last one.
☐ 3. I think math is more difficult than science.
☐ 4. Your T-shirt is more colorful than mine.
☐ 5. He thinks rugby is more exciting than soccer.

GET Part 2

教科書 p. 74

「～の中で最も［いちばん］…」（形容詞の最上級）

重要暗記文 ➔ **In our class, English is the most popular of all the subjects.**

意味を考えよう

〈the most ＋形容詞＋ of [in] ...〉「～の中で最も［いちばん］…」

チェック！

☐ 1. This is the most beautiful of all of her songs.
☐ 2. Her violin is the most expensive of all.
☐ 3. That is the most valuable picture of his works.
☐ 4. This is the most wonderful castle in the world.
☐ 5. I think this is the most exciting movie of the year.

Lesson 5 GET Part 2

私たちのクラスでは，英語は理科よりも人気があります。

文型を理解しよう

「～よりも…」と 2 つのものを比べて言うとき，長い単語の場合は〈more ＋形容詞＋ than ...〉で表す。

チェック！

- □ 1. その新しいロボットは古いのよりも役に立ちます。
- □ 2. この映画は前のよりもおもしろいです。
- □ 3. 数学は理科よりも難しいと思います。
- □ 4. あなたの T シャツは私のよりもカラフルです。
- □ 5. ラグビーはサッカーよりもおもしろいと彼は思っています。

Lesson 5 GET Part 2

私たちのクラスでは，英語はすべての教科の中で最も人気があります。

文型を理解しよう

「～の中で最も [いちばん] …」と 3 つ以上のものを比べて言うとき，長い単語の場合は〈the most ＋ 形容詞＋ of [in] ...〉で表す。

チェック！

- □ 1. これは彼女のすべての歌の中で最も美しいです。
- □ 2. 彼女のバイオリンはすべての中で最も高価です。
- □ 3. あれは彼の作品の中で最も価値のある絵です。
- □ 4. これは世界で最もすばらしい城です。
- □ 5. これは今年いちばんわくわくする映画だと思います。

GET Part 3

教科書 p. 76

「～と同じくらい…」

重要暗記文 ➔ **My cat is as cute as yours.**

意味を考えよう

〈as +形容詞［副詞］+ as〉「～と同じくらい…」

チェック！

- ☐ 1. Tom is as tall as his brother.
- ☐ 2. Our team is as strong as yours.
- ☐ 3. She plays the guitar as well as Ken.
- ☐ 4. The dog walks as slow as its master.
- ☐ 5. Today's exam is not as easy as the last one.

GET Part 3

教科書 p. 76

「～よりも…」（副詞の比較級）

重要暗記文 ➔ **Tom walks faster than Koji.**

意味を考えよう

〈副詞+ -er + than ...〉「～よりも…」

チェック！

- ☐ 1. I get up earlier than my sister.
- ☐ 2. May speaks Japanese better than Dick.
- ☐ 3. Bob studies harder than us.
- ☐ 4. Can you jump higher than him?
- ☐ 5. My brother sleeps more than me.

Lesson 5 **GET** Part 3

私のネコは，あなたのネコと同じくらいかわいいです。

文型を理解しよう

「～と同じくらい…」と程度が同じことを言うときは，〈as ＋形容詞［副詞］＋ as〉で表す。

チェック！

- □ 1. トムは彼の兄と同じくらい背が高いです。
- □ 2. 私たちのチームはあなたのチームと同じくらい強いです。
- □ 3. 彼女はケンと同じくらい上手にギターを弾きます。
- □ 4. そのイヌはご主人と同じくらいゆっくり歩きます。
- □ 5. 今日の試験はこの前のほど簡単ではありません。

Lesson 5 **GET** Part 3

トムは耕司よりも速く歩きます。

文型を理解しよう

「～よりも…」と動作や速さなどについて比べて言うときは，〈副詞 ＋ -er ＋ than ...〉を使う。

チェック！

- □ 1. 私は姉よりも早く起きます。
- □ 2. メイはディックよりも上手に日本語を話します。
- □ 3. ボブは私たちよりも熱心に勉強します。
- □ 4. あなたは彼よりも高くとべますか。
- □ 5. 弟は私よりもたくさん眠ります。

文法のまとめ ⑤

教科書 p. 86

「～の中で最も [いちばん]…」(副詞の最上級)

重要暗記文 ➔ **Miki can run the fastest in our class.**

意味を考えよう

〈the +副詞+ -est + in [of] ...〉「～の中で最も [いちばん] …」

チェック!

☐ 1. Kate comes to school the earliest in our class.
☐ 2. This baby cries the loudest of the three.
☐ 3. My grandfather drives the slowest in my family.
☐ 4. Tom swims the fastest of us all.
☐ 5. Who practices the hardest in your club?

文法のまとめ ⑤

教科書 p. 86

疑問詞+ to ...

重要暗記文 ➔ **I'll show you how to play the Japanese drum.**

意味を考えよう

how to ...「どのように…するか」, what to ...「何を…するか」,
when to ...「いつ…するか」, where to ...「どこへ［で］…するか」

チェック!

☐ 1. She wants to learn how to put on a kimono.
☐ 2. Tell me when to use these words.
☐ 3. Will you tell me where to buy a ticket?
☐ 4. Do you know how to fold paper cranes?
☐ 5. I don't know what to write in my essay.

文法のまとめ ❺

美紀は私たちのクラスの中で最も速く走れます。

文型を理解しよう

「～の中で最も [いちばん] …」と動作や速さなどについて 3 つ以上のものを比べて言うときは，〈the ＋副詞＋ -est ＋ in [of] ...〉で表す。

チェック！

☐ 1. ケイトはクラスでいちばん早く登校します。
☐ 2. この赤ちゃんは 3 人の中で最も大きく泣きます。
☐ 3. 私の祖父は家族の中で最もゆっくり運転します。
☐ 4. トムは私たちみんなの中で最も速く泳ぎます。
☐ 5. あなたのクラブで最も熱心に練習するのはだれですか。

文法のまとめ ❺

あなたに和太鼓の演奏の仕方を教えましょう。

文型を理解しよう

「どのように…するか」などと言うときは，〈疑問詞＋ to ＋動詞の原形〉で表す。疑問詞によっていろいろな意味になる。

チェック！

☐ 1. 彼女は着物の着方を習いたいと思っています。
☐ 2. これらの語をいつ使えばいいのか教えてください。
☐ 3. チケットをどこで買えばいいのか教えてくれますか。
☐ 4. 折り鶴の折り方を知っていますか。
☐ 5. 作文に何を書けばいいのかわかりません。

① 次の日本語に合うように，（　　）内から適切な語句を選ぼう。

(1) 私の新しい腕時計は前のよりも小さいです。
My new watch is (smaller / small) than my last one.

(2) これは日本最古の寺です。
This is the (older / oldest) temple in Japan.

(3) 中国語は英語より難しいですか。
Is Chinese (the more / more) difficult than English?

(4) これはうちの庭でいちばん美しいバラです。
This is the (more / most) beautiful rose in my garden.

(5) ユミは彼女のお姉さんほど背が高くありません。
Yumi is (not as tall / as not tall) as her sister.

② 次の日本語に合うように，（　　）内に適切な語を入れよう。

(1) *A:* あなたはイヌとネコ，どちらが好きですか。
B: 私はネコのほうが好きです。
A: Which do you like (better), dogs (or) cats?
B: I like cats (better).

(2) *A:* あなたはどの教科がいちばん好きですか。
B: 私は体育がいちばん好きです。
A: What subject do you like (the) (best)?
B: I like P.E. (the) (best).

(3) *A:* あなたにとっていちばん大切なものは何ですか。
B: 私にとっていちばん大切なものは家族です。
A: What is (the) (most) important thing to you?
B: (The) (most) important thing to (me) is my family.

③ 次の各文を日本語にしよう。

(1) He wanted to be more famous than anyone.

彼はだれよりも有名になりたかったのです。

(2) My grandmother knows how to use a computer.

私の祖母はコンピューターの使い方を知っています。

(3) Today's game was the most interesting of the year.

今日の試合は今年いちばんおもしろかったです。

(4) What is the tallest building in the world today?

現在，世界でいちばん高い建物は何ですか。

(5) They are as popular in China as in Japan.

彼らは日本と同じくらい中国でも人気があります。

④ 次の各文を英語にしよう。

(1) あなたは弟より熱心に勉強しますか。

Do you study harder than your brother?

(2) あなたのクラスでいちばん速く泳ぐのはだれですか。

Who swims the fastest in your class?

(3) 数学は理科よりやさしいですか。

Is math easier than science?

(4) このカバンはあれと同じくらい重たいです。

This bag is as heavy as that one.

(5) この車はあっちのよりも高そうに見えます。

This car looks more expensive than that one.

Lesson 6 Tea from China

GET Part 1

教科書 p. 92

「(ずっと) …している」現在完了 (継続)

重要暗記文 ➔ **I have lived in this town for many years.**
Miki has lived in this town since 2016.

意味を考えよう

have [has] ＋動詞の過去分詞「(ずっと) …している」

チェック！

- ☐ 1. They have been in Nagoya since March.
- ☐ 2. My father has been a Beatles fan since he was young.
- ☐ 3. I have belonged to the dance club for six months.
- ☐ 4. My brother has been in France since last year.

GET Part 2

教科書 p. 94

「(ずっと)…していますか」(疑問文・応答文①)

重要暗記文 ➔ **Have you lived in this town for a long time?**
—Yes, I have. / No, I have not.

意味を考えよう

Have [Has] ＋主語＋動詞の過去分詞？
—Yes, 主語＋ have [has]. / No, 主語＋ have [has] not.
「(ずっと) …していますか」
—「はい, …しています / いいえ, …していません」

チェック！

- ☐ 1. Have you been in Japan long? —Yes, I have.
- ☐ 2. Have you known him long? —No, I have not.
- ☐ 3. Has she wanted to learn Spanish long? —Yes, she has.

Lesson 6 GET Part 1

私はこの町に何年もの間ずっと住んでいます。
美紀はこの町に 2016 年からずっと住んでいます。

文型を理解しよう

「(ずっと) …している)」と，過去から現在まである動作・状態が〈継続〉していることを表すときは〈have [has] ＋動詞の過去分詞〉を使う。

チェック！

- □ 1. 彼らは 3 月からずっと名古屋にいます。
- □ 2. 父は若いころからずっとビートルズファンです。
- □ 3. 私は 6 か月間ダンス部に所属しています。
- □ 4. 兄は去年からフランスにいます。

Lesson 6 GET Part 2

あなたはこの町に長い間住んでいますか。
—はい，住んでいます。/ いいえ，住んでいません。

文型を理解しよう

「(ずっと) …していますか」とたずねるときは〈Have [Has] ＋主語＋動詞の過去分詞 ?〉を使う。答えるときも have [has] を使う。

チェック！

- □ 1. あなたは日本に長くいるのですか。 —はい，います。
- □ 2. あなたは彼を長い間知っていますか。 —いいえ，知りません。
- □ 3. 彼女は長い間スペイン語を習いたいと思っているのですか。
  —はい，そうです。

GET Part 2

教科書 p. 94

「どれくらい…していますか」（疑問文・応答文②）

重要暗記文 ➔ **How long have you lived in this town?**
—For five years. / Since I was ten.

意味を考えよう

How long have [has] ＋主語＋動詞の過去分詞 ...?「どれくらい…していますか」
for ＋期間 . / since ＋スタートの時点 .

チェック！

- ☐ 1. How long have you been in Japan?
  —For three years.
- ☐ 2. How long has he lived in Nagasaki?
  —Since he was a high school student.
- ☐ 3. How long have you been interested in space?
  —Since I was little.
- ☐ 4. How long has he been sick?
  —For two weeks.
- ☐ 5. How long has she worked as a teacher?
  —For nearly 20 years.

have の短縮形

I am をI'm, it is をit'sと短縮するように，haveにも短縮形がある。

I have → I've	we have → we've
you have → you've	they have → they've

I've been here since this morning.

「私は今朝からずっとここにいます」

あなたはこの町にどれくらい長く住んでいますか。
—5 年間住んでいます。/ 10 歳の時から住んでいます。

文型を理解しよう

「どれくらい…していますか」と言うときは〈How long have [has] ＋主語＋動詞の過去分詞 ...?〉で表す。for ... で「期間」を，since ... で「いつ…し始めたか」を答える。

チェック！

□ 1. あなたはどれくらい長く日本にいますか。
—3 年間です。

□ 2. 彼はどれくらい長く長崎に住んでいますか。
—彼が高校生の時からです。

□ 3. あなたはどれくらい長く宇宙に興味をもっていますか。
—小さい時からです。

□ 4. 彼はどれくらい長い間病気ですか。
—2 週間です。

□ 5. 彼女はどれくらい長く教師として働いていますか。
—ほぼ 20 年間です。

has の短縮形

have と同じように has も短縮形になる。

he has → he’s　　　　she has → she’s

He’s been in the hospital for two weeks.

「彼は 2 週間入院しています」

※ he’s が he is の短縮形なのか，he has の短縮形なのかは，あとにどのような語句が続くかで判断する。

定期テスト対策　Lesson 6

① 次の日本語に合うように，(　　) 内から適切な語句を選ぼう。

⑴ 私は 1 週間近く病気です。

I (am / have been) sick for nearly a week.

⑵ あなたは長い間彼女のことを知っているのですか。

(Have you known / Did you know) her long?

⑶ 父は 30 年間教師をしています。

My father (has been / was) a teacher for 30 years.

⑷ 彼女はずっとペットがほしかったのですか。

(Does she want / Has she wanted) a pet for long?

⑸ 彼はずっとみんなに親切です。

He's (be / been) kind to everyone.

② 次の日本語に合うように，(　　) 内に適切な語を入れよう。

⑴ *A:* あなたは日本に長い間住んでいるのですか。

B: はい，住んでいます。

A: (Have) you (lived) in Japan for a long time?

B: Yes, (I) (have).

⑵ *A:* 彼は今朝からずっとそこにいるのですか。

B: いいえ，違います。

A: (Has) (he) (been) there since this morning?

B: No, he (has) (not).

⑶ *A:* 彼女はどのくらい長くこのチームに所属していますか。

B: 約 3 カ月です。

A: (How) (long) (has) she belonged to this team?

B: (For) (about) three months.

③ 次の各文を日本語にしよう。

(1) I have been in Tokyo since last week.

私は先週から東京にいます。

(2) This cat has been in our house for over ten years.

このネコは 10 年以上，私の家にいます。

(3) Have you kept his picture for a long time?

あなたは彼の写真を長い間持っているのですか。

(4) How long have you been their fan?

あなたはどれくらい長く彼らのファンですか。

(5) They have been friends since they were young.

彼らは若いころからずっと友達です。

④ 次の各文を英語にしよう。

(1) 私はバスケット部に 3 年間所属しています。

I have belonged to the basketball club for three years.

(2) 彼らは 5 年間，バンドをしています。

They have been a band for five years.

(3) 彼はこの家に長い間住んでいるのですか。

Has he lived in this house for a long time?

(4) あなたはどれくらい英語教師をしていますか。

How long have you been an English teacher?

(5) あなたは小さい時から音楽に興味がありますか。

Have you been interested in music since you were little?

Lesson 7 *Rakugo* Goes Overseas

GET Part 1

教科書 p. 106

「…したところだ」現在完了（完了）

重要暗記文 ➔ **I have just finished lunch.**

意味を考えよう

have [has] ＋動詞の過去分詞「…したところです」「(もうすでに)…しました」

チェック！

- □ 1. I have just had breakfast.
- □ 2. The train has just left.
- □ 3. We have just heard the news.
- □ 4. The game has just begun.

GET Part 2

教科書 p. 106

「…したところですか」（疑問文・応答文）

重要暗記文 ➔ **Have you finished lunch yet?**
—Yes, I have. / No, I have not.

意味を考えよう

Have [Has] ＋主語＋動詞の過去分詞 ...?
— Yes, 主語＋ have [has]. / No, 主語＋ have [has] not.
「…したところですか」「もうすでに…しましたか」
—「はい，そうです / いいえ，ちがいます」

チェック！

- □ 1. Have you washed the dishes yet? —Yes, I have.
- □ 2. Has he arrived at the station yet? —Yes, he has.
- □ 3. Has Kate gone to bed? —No, she hasn't.
- □ 4. Have you got a plane ticket? —No, I haven't.

Lesson 7 **GET** Part 1

私はちょうど昼食を終えたところです。

文型を理解しよう

「…したところです」と，ものごとが完了していることを言うときは，〈have [has] ＋動詞の過去分詞〉で表す。過去に始めた動作や状態が現在は完了していることを表す。

チェック！

- □ 1. 私はちょうど朝食を食べたところです。
- □ 2. 電車はちょうど発車したところです。
- □ 3. 私たちはちょうどニュースを聞いたところです。
- □ 4. 試合はちょうど始まったところです。

Lesson 7 **GET** Part 1

あなたはもう昼食を終えましたか。
―はい，終えました。/ いいえ，終えていません。

文型を理解しよう

「…したところですか」とたずねるときは，〈Have [Has] ＋主語＋動詞の過去分詞 ...?〉という。答えるときも have [has] を用いる。

チェック！

- □ 1. もう皿を洗いましたか。―はい。洗いました。
- □ 2. 彼はもう駅に着きましたか。―はい，着きました。
- □ 3. ケイトはもう寝ましたか。―いいえ，寝ていません。
- □ 4. 航空券は手に入れましたか。―いいえ，手に入れていません。

GET Part 1

教科書 p. 106

「まだ…していない」(否定文)

重要暗記文 ➔ **I have not finished lunch yet.**

意味を考えよう

have [has] not ＋動詞の過去分詞「(まだ) …していない」

チェック！

- □ 1. I have not written my essay yet.
- □ 2. She has not arrived at the station yet.
- □ 3. He has not read that book yet.
- □ 4. We have not bought a present yet.
- □ 5. They have not cleaned the classroom yet.

現在完了の完了用法でよく使われる語句

・just「ちょうど」

The race has just started.

「レースはちょうど始まったところです」

・already「すでに」

Kate has already gone.

「ケイトはすでに去りました」

私はまだ昼食を終えていません。

文型を理解しよう

「(まだ) …していない」と言うときは〈have [has] not ＋動詞の過去分詞〉で表す。

チェック！

- □ 1. 私はまだ作文を書いていません。
- □ 2. 彼女はまだ駅に着いていません。
- □ 3. 彼はまだあの本を読んでいません。
- □ 4. 私たちはまだプレゼントを買っていません。
- □ 5. 彼らはまだ教室を掃除していません。

yet の使い方

・完了用法の疑問文で使われると「もう」「すでに」の意味になる。

Has he left yet?「彼はもう出発しましたか」

・完了用法の否定文で使われると「まだ」の意味になる。

He has not left yet.「彼はまだ出発していません」

GET Part 2 教科書 p. 108

「…したことがある」現在完了形（経験）

重要暗記文 ➔ **Amy has visited Nara twice.**

意味を考えよう

have [has] ＋動詞の過去分詞「…したことがある」

チェック！

☐ 1. I have met him once.
☐ 2. She has been to London twice.
☐ 3. Tom has cooked dinner many times.
☐ 4. We have run a marathon three times.
☐ 5. Many people have seen a U.F.O.

GET Part 2 教科書 p. 108

「…したことがありますか」（疑問文・応答文）

重要暗記文 ➔ **Has Amy ever visited Nara?**
—Yes, she has. / No, she has not.

意味を考えよう

Have [has] ＋主語＋動詞の過去分詞 ...?
— Yes, 主語＋ have [has]. / No, 主語＋ have [has] not.
「…したことがありますか」
—「はい，あります / いいえ，ありません」

チェック！

☐ 1. Have you ever seen a U.F.O.? —Yes, I have.
☐ 2. Has he ever been to America? —Yes, he has.
☐ 3. Have you ever heard this song? —No, I haven't.

Lesson 7 **GET** Part 2

エイミーは二度，奈良を訪れたことがあります。

文型を理解しよう

「…したことがある」とこれまでに経験したことを言うときは〈have [has] ＋過去分詞 ...〉で表す。

チェック！

- □ 1. 私は一度彼に会ったことがあります。
- □ 2. 彼女はロンドンに二度行ったことがあります。
- □ 3. トムは何度も夕食を作ったことがあります。
- □ 4. 私たちは 3 回マラソンを走ったことがあります。
- □ 5. 大勢の人々が UFO を見たことがあります。

Lesson 7 **GET** Part 2

エイミーは今までに奈良を訪れたことがありますか。
―はい，あります。/ いいえ，ありません。

文型を理解しよう

「…したことがありますか」と，これまでの経験を尋ねるときは〈Have [has] ＋主語＋動詞の過去分詞 ...?〉を使う。答えるときは〈Yes, 主語＋ have [has]. / No, 主語＋ have [has] not.〉を使う。

チェック！

- □ 1. UFO を見たことがありますか。 ―はい，あります。
- □ 2. 彼はアメリカに行ったことがありますか。 ―はい，あります。
- □ 3. この歌を聞いたことがありますか。 ―いいえ，ありません。

GET Part 2

教科書 p. 108

「…したことがありません」（否定文）

重要暗記文 ➔ **Amy has never visited Nara.**

意味を考えよう

have [has] + never ＋動詞の過去分詞「…したことがない」

✔ チェック！

□ 1. I have never tried surfing.
□ 2. She has never worn a kimono.
□ 3. We have never sung this song.
□ 4. He has never played baseball.
□ 5. They have never studied French.

「経験」を表す完了形でよく使われる語句

・before「以前に」

I have been here before.

「私はここに以前来たことがあります」

・回数を表すことば

once「1 回」, twice「2 回」, ～ times「～回」

We have met twice.

「私たちは 2 回会ったことがあります」

エイミーは一度も奈良を訪れたことはありません。

文型を理解しよう

「…したことがない」とこれまでに経験がないことを言うときは〈have [has] + never ＋動詞の過去分詞 ...〉で表す。

チェック！

☐ 1. 私はサーフィンをやってみたことがありません。
☐ 2. 彼女は一度も着物を着たことがありません。
☐ 3. 私たちはこの歌を一度も歌ったことがありません。
☐ 4. 彼は一度も野球をしたことがありません。
☐ 5. 彼らは一度もフランス語を勉強したことがありません。

「経験」を表す現在完了形でよく使われる語句

・often「しばしば, よく」, never「一度もない」, ever「(疑問文で)今までに」

I have often been there.

「私はよくそこに行ったことがあります」

① 次の日本語に合うように，(　　) 内から適切な語句を選ぼう。

⑴ 私はちょうど起きたところです。

I have just (get / gotten) up.

⑵ トムは富士山に登ったことがありません。

Tom (has never climbed / has climbed) Mt. Fuji.

⑶ あなたはアメリカに行ったことがありますか。

(Have you / Did you) ever been to America?

⑷ 私たちはたった今着いたところです。

We have (arrive / arrived) just now.

⑸ 彼らは朝食を食べたところです。

They have just (have / had) breakfast.

② 次の日本語に合うように，(　　) 内に適切な語を入れよう。

⑴ *A*: あなたは京都に行ったことはありますか。

B: はい，あります。

A: (Have) you ever (been) to Kyoto?

B: Yes, (I) (have).

⑵ *A*: トムはもう作文を書きましたか。

B: いいえ，書いていません。

A: (Has) Tom (written) his essay yet?

B: No, (he) (hasn't).

⑶ *A*: あなたたちはその映画をもう見ましたか。

B: いいえ，まだです。

A: (Have) you (seen) the movie yet?

B: No, (we) (haven't).

③ 次の各文を日本語にしよう。

(1) Have you ever seen a U.F.O.?

あなたはこれまでに UFO を見たことがありますか。

(2) Have you eaten breakfast yet?

もう朝食は食べましたか。

(3) He hasn't left his house yet.

彼はまだ家を出発していません。

(4) We have never lived in another country.

私たちはほかの国に住んだことはありません。

(5) Has the game already started?

試合はもう始まりましたか。

④ 次の各文を英語にしよう。

(1) 私は一度ボランティアとして働いたことがあります。

I have worked as a volunteer once.

(2) 私はパンを焼いたことはありません。

I have never baked bread.

(3) 私は辞書をなくしてしまいました（今もなくしたままである)。

I have lost my dictionary.

(4) 私はまだ宿題をやり終えていません。

I haven't finished my homework yet.

(5) 祖母は一度も海外旅行をしたことがありません。

My grandmother has never traveled overseas.

GET Plus 1

教科書 p. 18

試着してもいいですか

重要暗記文 ➔ **May I try on this shirt?**
—Sure.

意味を考えよう

May I ...?「…してもいいですか」

チェック！

- ☐ 1. May I ask a question?
- ☐ 2. May I use this computer?
- ☐ 3. May I come in?
- ☐ 4. May I have some water?
- ☐ 5. May I speak to Kei?

GET Plus 2

教科書 p. 34

写真を撮ることは楽しい

重要暗記文 ➔ **It's fun for me to take pictures.**

意味を考えよう

It is ... (for A) to ～ .「(A にとって) ～することは…だ」

チェック！

- ☐ 1. It's easy for him to get up early.
- ☐ 2. It was hard for us to climb Mt. Fuji.
- ☐ 3. It's necessary for you to eat more vegetables.
- ☐ 4. It's difficult for me to make a speech in English.
- ☐ 5. It was good for my grandfather to do some exercise.

GET Plus 1

このシャツを試着してもいいですか。
—もちろん。

文型を理解しよう

「…してもいいか」と訪ねるときは〈May I ＋動詞の原形 ...?〉を使う。

チェック！

- □ 1. 質問してもいいですか。
- □ 2. このコンピューターを使ってもいいですか。
- □ 3. 入ってもいいですか。
- □ 4. お水をいただいてもいいですか（＝お水をお願いします）。
- □ 5. ケイとお話をしてもいいですか（＝ケイをお願いします）。

GET Plus 2

私にとって写真を撮ることは楽しいです。

文型を理解しよう

「(人) にとって…することは～だ」と言うときは,
〈It is ... for (人) ＋ to ＋動詞の原形～ .〉で表す。

チェック！

- □ 1. 彼にとって早く起きることは簡単です。
- □ 2. 私たちにとって富士山に登ることは大変でした。
- □ 3. あなたにとってもっと野菜を食べることは必要です。
- □ 4. 私にとって英語でスピーチをするのは難しいです。
- □ 5. 祖父にとって運動をするのはよいことでした。

GET Plus 3

教科書 p. 48

魚釣りをしてはいけません

重要暗記文 ➔ **The sign says you must not fish here.**
It also says we must beware of snakes.

意味を考えよう

〈must ＋動詞の原形〉「…しなければならない」
〈must not ＋動詞の原形〉「…してはならない」

チェック！

- □ 1. I must read this book in a week.
- □ 2. He must make a speech in English.
- □ 3. She must listen to other people.
- □ 4. You must not speak loudly in a library.
- □ 5. You must not use your mobile phones in school.

GET Plus 4

教科書 p. 62

宿題をしなければなりません

重要暗記文 ➔ **We have to write an essay.**
We don't have to turn it in until Monday.

意味を考えよう

〈have to ＋動詞の原形〉「…しなければならない」
〈don't have to ＋動詞の原形〉「…する必要はない」

チェック！

- □ 1. I have to go now.
- □ 2. We have to finish our report in two days.
- □ 3. He has to walk for an hour to get to school.
- □ 4. I don't have to wash the dishes tonight.

GET Plus 3

看板にここで魚釣りをしてはいけませんと書いてあります。
ヘビに注意しなければいけませんとも書いてあります。

文型を理解しよう

「…しなければならない」と言うときは，〈must ＋動詞の原形〉で表す。「…してはならない」と言うときは，〈must not ＋動詞の原形〉で表す。

チェック！

- □ 1. 私はこの本を 1 週間で読まなければいけません。
- □ 2. 彼は英語でスピーチをしなければいけません。
- □ 3. 彼女はほかの人の話に耳を傾けなければいけません。
- □ 4. 図書館では大きな声で話してはいけません。
- □ 5. 学校では携帯電話を使ってはいけません。

GET Plus 4

私たちはエッセイを書かなければなりません。
私たちは月曜日まではそれを提出する必要はありません。

文型を理解しよう

「…しなければならない」と言うときは，〈have to ＋動詞の原形〉で表す。〈don't have to ＋動詞の原形〉とすると，「…する必要はない」の意味になる。

チェック！

- □ 1. 私はもう行かなければいけません。
- □ 2. 私たちは 2 日以内にレポートを終えないといけません。
- □ 3. 彼は登校するのに 1 時間歩かなければいけません。
- □ 4. 私は今夜はお皿を洗う必要はありません。

GET Plus 5

教科書 p. 84

演奏の仕方を教えましょう

重要暗記文 **I'll show you how to play the Japanese drum.**

意味を考えよう

〈how + to +動詞の原形〉「どのように…するか」

チェック！

- ☐ 1. I want to learn how to play *shogi*.
- ☐ 2. Will you show me how to use this computer?
- ☐ 3. My mother told me when to say no.
- ☐ 4. I'm thinking what to put on my wall.
- ☐ 5. We have to decide where to go.

GET Plus 6

教科書 p. 102

大きい声で話していただけますか

重要暗記文 **Could you speak louder, please?**
—Yes, of course.

意味を考えよう

Could you ...?「…していただけますか」

チェック！

- ☐ 1. Could you lend me your computer?
- ☐ 2. Could you say that again?
- ☐ 3. Could you speak more slowly?
- ☐ 4. Could you sing a Japanese song?
- ☐ 5. Could you show me how to dance?

GET Plus 5

あなたに和太鼓の演奏の仕方を教えましょう。

文型を理解しよう

「どのように…するか」と言うときは〈how + to +動詞の原形〉で表す。what, when, where など疑問詞によっていろいろな意味になる。

チェック！

- □ 1. 私は将棋の遊び方を学びたいと思っています。
- □ 2. このコンピューターの使い方を教えてくれませんか。
- □ 3. 母はいつ断ったらいいか教えてくれました。
- □ 4. 私は壁に何を貼ったらいいか考えている最中です。
- □ 5. 私たちはどこに行ったらいいか決めなくてはなりません。

GET Plus 6

もっと大きい声で話していただけますか。
—もちろん。

文型を理解しよう

「…していただけますか」とていねいに頼むときは，〈Could you +動詞の原形 ...?〉で文を始める。

チェック！

- □ 1. あなたのコンピューターを貸していただけますか。
- □ 2. それをもう一度言っていただけますか。
- □ 3. もっとゆっくり話していただけますか。
- □ 4. 日本の歌を歌っていただけますか。
- □ 5. 踊り方を教えていただけますか。

2年生の文型の整理

Lesson 1

□ When my mother came home, I was watching TV.
□ If it is clear, we will play baseball.
□ I think (that) the book is interesting.
□ Peter didn't say anything because he was too tired.
□ cook and eat
□ on the ice and in the water
□ apples or oranges
□ Yuki likes cats, but she has a dog.

Lesson 2

□ Koji wants to read the book.
□ My dream is to be a teacher.
□ Tom went to the park to play volleyball.
□ Miki has something to eat.
□ It's fun for me to take pictures.

Lesson 3

□ There is a big park in this town.
□ There are two big parks in this town.
□ Is there a big park in this town?
— Yes, there is. / No, there is not.
□ I like playing soccer.
□ Playing soccer is a lot of fun.

Lesson 4

□ I will give him a wallet.
□ We call him Tom.
□ It makes me happy.

□ 母が家に帰って来たとき，私はテレビを見ていました。
□ もし天気がよければ，私たちは野球をします。
□ この本はおもしろいと思います。
□ ピーターはとても疲れていたので，何も言いませんでした。
□ 料理して（そして）食べる
□ 氷の上と水の中
□ リンゴまたはオレンジ
□ ユキはネコが好きですが，イヌを飼っています。

□ 耕司はその本が読みたいです。
□ 私の夢は教師になることです。
□ トムはバレーボールをするために公園に行きました。
□ 美紀は何か食べるものを持っています。
□ 私にとって写真を撮ることは楽しいです。

□ この町に大きな公園があります。
□ この町に 2 つの大きな公園があります。
□ この町には大きい公園がありますか。
—はい，あります。/ いいえ，ありません。
□ 私はサッカーをすることが好きです。
□ サッカーをすることはとても楽しいです。

□ 私は彼に財布をあげるつもりです。
□ 私たちは彼をトムと呼びます。
□ それは私を幸せにします。

Lesson 5

- ☐ The Amazon is longer than the Shinano River.
- ☐ The Amazon is the longest in South America.
- ☐ In our class, English is more popular than science.
- ☐ In our class, English is the most popular of all the subjects.
- ☐ My cat is as cute as yours.
- ☐ Tom walks faster than Koji.
- ☐ Miki can run the fastest in our class.
- ☐ I'll show you how to play the Japanese drum.

Lesson 6

- ☐ I have lived in this town for many years.
- ☐ Miki has lived in this town since 2016.
- ☐ Have you lived in this town for a long time?
  — Yes, I have. / No, I have not.
- ☐ How long have you lived in this town?
  — For five years. / Since I was ten.

Lesson 7

- ☐ I have just finished lunch.
- ☐ Have you finished lunch yet?
  —Yes, I have. / No, I have not.
- ☐ I have not finished lunch yet.
- ☐ Amy has visited Nara twice.
- ☐ Has Amy ever visited Nara?
  —Yes, she has. / No, she has not.
- ☐ Amy has never visited Nara.

□ アマゾン川は信濃川よりも長いです。
□ アマゾン川は南アメリカでいちばん長いです。
□ 私たちのクラスでは，英語は理科よりも人気があります。
□ 私たちのクラスでは，英語はすべての教科の中で最も人気があります。
□ 私のネコは，あなたのネコと同じくらいかわいいです。
□ トムは耕司よりも速く歩きます。
□ 美紀は私たちのクラスの中で最も速く走れます。
□ あなたに和太鼓の演奏の仕方を教えましょう。

□ 私はこの町に何年もの間ずっと住んでいます。
□ 美紀はこの町に 2016 年からずっと住んでいます。
□ あなたはこの町に長い間住んでいますか。
—はい，住んでいます。/ いいえ，住んでいません。
□ あなたはこの町にどれくらい長く住んでいますか。
—5 年間住んでいます。/ 10 歳の時から住んでいます。

□ 私はちょうど昼食を終えたところです。
□ あなたはもう昼食を終えましたか。
—はい，終えました。/ いいえ，終えていません。
□ 私はまだ昼食を終えていません。
□ エイミーは二度，奈良を訪れたことがあります。
□ エイミーは今までに奈良を訪れたことがありますか。
—はい，あります。/ いいえ，ありません。
□ エイミーは一度も奈良を訪れたことはありません。

GET Plus 1

☐ May I try on this shirt? —Sure.

GET Plus 2

☐ It's fun for me to take pictures.

GET Plus 3

☐ The sign says you must not fish here.

☐ It also says we must beware of snakes.

GET Plus 4

☐ We have to write an essay.

☐ We don't have to turn it in until Monday.

GET Plus 5

☐ I'll show you how to play the Japanese drum.

GET Plus 6

☐ Could you speak louder, please? — Yes, of course.

□ このシャツを試着してもいいですか。—もちろん。

□ 私にとって写真を撮ることは楽しいです。

□ 看板にここで魚釣りをしてはいけませんと書いてあります。
□ ヘビに注意しなければいけませんとも書いてあります。

□ 私たちはエッセイを書かなければなりません。
□ 私たちは月曜日まではそれを提出する必要はありません。

□ あなたに和太鼓の演奏の仕方を教えましょう。

□ もっと大きい声で話していただけますか。—もちろん。

●不規則動詞活用表

原形	主な意味	現在形	過去形	過去分詞	-ing 形
A-A-A 型					
cost	(お金・時間が)かかる	cost(s)	cost	cost	costing
hit	打つ，当たる	hit(s)	hit	hit	hitting
hurt	傷つける	hurt(s)	hurt	hurt	hurting
put	置く	put(s)	put	put	putting
quit	やめる	quit(s)	quit	quit	quitting
read	読む	read(s)	read	read	reading
set	置く，沈む	set(s)	set	set	setting
spread	広がる，広げる	spread(s)	spread	spread	spreading
A-B-A 型					
become	…になる	become(s)	became	become	becoming
come	来る	come(s)	came	come	coming
run	走る	run(s)	ran	run	running
A-B-B 型					
bring	持ってくる	bring(s)	brought	brought	bringing
build	建てる	build(s)	built	built	building
burn	燃やす，燃える	burn(s)	burned / burnt	burned / burnt	burning
buy	買う	buy(s)	bought	bought	buying
catch	つかまえる	catch(es)	caught	caught	catching
feel	感じる	feel(s)	felt	felt	feeling
fight	たたかう	fight(s)	fought	fought	fighting
find	見つける	find(s)	found	found	finding
forget	忘れる	forget(s)	forgot	forgot / forgotten	forgetting
get	手に入れる	get(s)	got	got / gotten	getting
have	持っている	have / has	had	had	having
hear	聞く	hear(s)	heard	heard	hearing
hold	持つ，にぎる	hold(s)	held	held	holding
keep	ままでいる，保つ	keep(s)	kept	kept	keeping
leave	去る	leave(s)	left	left	leaving
lose	去る，負ける	lose(s)	lost	lost	losing
make	作る	make(s)	made	made	making
mean	意味する	mean(s)	meant	meant	meaning
meet	会う	meet(s)	met	met	meeting
say	言う	say(s)	said	said	saying
send	送る	send(s)	sent	sent	sending

shoot	撃つ	shoot(s)	shot	shot	shooting
sit	すわる	sit(s)	sat	sat	sitting
sleep	眠る	sleep(s)	slept	slept	sleeping
spend	費やす，過ごす	spend(s)	spent	spent	spending
stand	立つ	stand(s)	stood	stood	standing
teach	教える	teach(es)	taught	taught	teaching
tell	言う，知らせる	tell(s)	told	told	telling
think	考える	think(s)	thought	thought	thinking
understand	理解する	understand(s)	understood	understood	understanding
win	勝つ	win(s)	won	won	winning
A-B-C 型					
be	…である	am / is / are	was / were	been	being
begin	始まる，始める	begin(s)	began	begun	beginning
bite	かむ	bite(s)	bit	bitten	biting
break	こわす	break(s)	broke	broken	breaking
choose	選ぶ	choose(s)	chose	chosen	choosing
do	する	do / does	did	done	doing
draw	かく	draw(s)	drew	drawn	drawing
drink	飲む	drink(s)	drank	drunk	drinking
drive	運転する	drive(s)	drove	driven	driving
eat	食べる	eat(s)	ate	eaten	eating
fall	落ちる	fall(s)	fell	fallen	falling
fly	飛ぶ	fly / flies	flew	flown	flying
give	与える	give(s)	gave	given	giving
go	行く	go(es)	went	gone	going
grow	育つ	grow(s)	grew	grown	growing
know	知っている	know(s)	knew	known	knowing
ride	乗る	ride(s)	rode	ridden	riding
rise	のぼる	rise(s)	rose	risen	rising
see	見る	see(s)	saw	seen	seeing
shake	振る	shake(s)	shook	shaken	shaking
show	見せる	show(s)	showed	shown	showing
sing	歌う	sing(s)	sang	sung	singing
speak	話す	speak(s)	spoke	spoken	speaking
swim	泳ぐ	swim(s)	swam	swum	swimming
take	持って行く	take(s)	took	taken	taking
wear	身につける	wear(s)	wore	worn	wearing
write	書く	write(s)	wrote	written	writing

【イラスト】 川口澄子
【編集協力】 株式会社シー・レップス

| 15 | 三省堂 | 英語 803 | NEW CROWN English Series 2

三省堂 ニュークラウン 完全準拠　英語の基本文型 2

編　者　三省堂編修所
発行者　株式会社 三省堂
代表者　瀧本多加志
印刷者　三省堂印刷株式会社
発行所　株式会社 三省堂
〒102-8371　東京都千代田区麴町五丁目 7 番地 2
電話　(03) 3230-9411
https://www.sanseido.co.jp/

ISBN978-4-385-58955-8　〈03 中英基本文型 2〉 ④